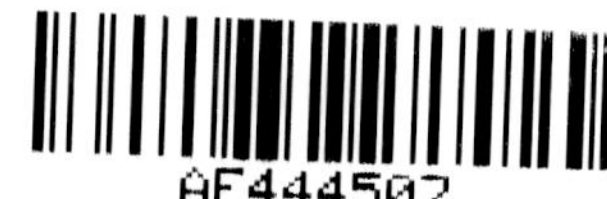
AF444507